BEI GRIN MACHT SICH IHR WISSEN BEZAHLT

- Wir veröffentlichen Ihre Hausarbeit,
  Bachelor- und Masterarbeit

- Ihr eigenes eBook und Buch -
  weltweit in allen wichtigen Shops

- Verdienen Sie an jedem Verkauf

**Jetzt bei www.GRIN.com hochladen
und kostenlos publizieren**

Bibliografische Information der Deutschen Nationalbibliothek:

Die Deutsche Bibliothek verzeichnet diese Publikation in der Deutschen National-
bibliografie; detaillierte bibliografische Daten sind im Internet über http://dnb.d-
nb.de/ abrufbar.

Impressum:

Copyright © 2014 GRIN Verlag
Druck und Bindung: Books on Demand GmbH, Norderstedt Germany
ISBN: 9783668811454

Dieses Buch bei GRIN:

https://www.grin.com/document/443714

Anonym

Marketinganalyse von Ikea

GRIN Verlag

GRIN - Your knowledge has value

Der GRIN Verlag publiziert seit 1998 wissenschaftliche Arbeiten von Studenten, Hochschullehrern und anderen Akademikern als eBook und gedrucktes Buch. Die Verlagswebsite www.grin.com ist die ideale Plattform zur Veröffentlichung von Hausarbeiten, Abschlussarbeiten, wissenschaftlichen Aufsätzen, Dissertationen und Fachbüchern.

Besuchen Sie uns im Internet:

http://www.grin.com/

http://www.facebook.com/grincom

http://www.twitter.com/grin_com

Gymnasium Pfarrkirchen   *Abiturjahrgang*

2015

SEMINARARBEIT

Rahmenthema des Wissenschaftspropädeutischen Seminars:

Absatzpolitik mit Schwerpunkt Marketing

Leitfach:

Wirtschaft/Recht

Thema der Arbeit:

Marketinganalyse von Ikea

Abgabetermin:

4. November 2014

Inhaltsverzeichnis

1 Werbespruch mit hohem Wiedererkennungswert

„Wohnst du noch oder lebst du schon" – dieser deutsche Werbespruch von Ikea dürfte den meisten bekannt sein. Seit dem Jahr 2002 wirbt die Möbelhauskette Ikea in Deutschland mit diesem Werbeslogan.[1] Der Möbelriese beansprucht dabei für sich, Lifestyle zu verkaufen. Man fängt demnach erst zu leben an, wenn man sich mit seinem Wohnbereich kreativ auseinandersetzt – sich also mit reihenweise Ikea Möbeln ausstattet. Dieser hohe Wiedererkennungswert des psychologisch wirksamen Werbeclaims ist jedoch kein Zufall. Die Werbung ist für den schwedischen Möbelhersteller eines seiner wichtigsten Marketing-Instrumente. Jedoch versteht es Ikea nicht nur in diesem Bereich wie kaum ein anderes Einrichtungshaus, alle psychologischen und strategischen Kniffe auszuschöpfen, um möglichst viele Menschen zum Kunden zu machen, seinen Umsatz zu steigern und den Marktanteil auszubauen. Es ist eine beachtliche Leistung des Gründers Ingvar Kamprad, denn zweifellos ist Ikea das größte schwedische Unternehmenswunder der modernen Zeit. Mit seiner strikten, aber auch raffinierten Vorgehensweise hat er es geschafft, den Möbelgiganten Ikea aufzubauen und zu dem zu machen, was es heute ist – weltweiter Marktführer in seiner Branche. Doch wie ist Kamprad dieser beispiellose Erfolg gelungen? Dies ist eine interessante Frage, mit welcher ich mich in dieser Arbeit auseinandersetzen will. Diese Marketinganalyse wird auch den Schwerpunkt meiner Ausarbeitungen darstellen. Neben der Betrachtung des Marketing Mix soll auf die Zielgruppe Ikeas und ihre Bedeutung für das Unternehmen genauer eingegangen und die Gestaltung der Marktgröße und -struktur untersucht werden. Zuerst wird etwas zur Unternehmensgeschichte erläutert, dann einige allgemeine Informationen über den Verkaufsriesen gegeben und anschließend die Philosophie von Ikea aufgezeigt. Den letzten Punkt der Arbeit bildet das Fazit.

---

[1] Vgl. http://www.discounter-verzeichnis.com/ikea

2 Marketinganalyse von Ikea

„Ein breites Sortiment formschöner und funktionsgerechter Einrichtungsgegenstände zu Preisen anzubieten, die so günstig sind, dass möglichst viele Menschen sie sich leisten können"[2]. Das ist seit jeher die Geschäftsidee von Ikea. Doch seit der Gründung in den 50er-Jahren des letzten Jahrhunderts bis heute ist einige Zeit vergangen – und viel Arbeit und Energie investiert worden: Vertreten mit 305 Niederlassungen in 26 Ländern zählt der schwedische Einrichtungskonzern zu den wertvollsten Markennamen der Welt.[3] Die vier gelben Buchstaben auf blauem Hintergrund haben einen hohen Bekanntheitsgrad – in der Mehrzahl der Haushalte in Deutschland findet sich mindestens ein Ikea Artikel wieder, egal ob Teelichter, Trinkgläser oder ein Bücherregal. Für diesen Erfolg ist wohl das dauerhafte Treubleiben seiner Vision und Geschäftsidee verantwortlich, aber auch der geschickte Einsatz der Marketingmix-Parameter. Und das Unternehmen ruht sich auf seinem Erfolg nicht aus. Ziel des Konzerns ist es, seinen momentanen Marktanteil von 13 % auf fast das Doppelte von 25 % zu steigern.[4]

2.1 Überblick

2.1.1 Geschichte: Anfänge – Entwicklung – Heute[5]

Ikea – ein Akronym aus den Initialen des Gründers Ingvar Kamprad, dem Anfangsbuchstaben des Namens des elterlichen Bauernhofes *Elmtaryd* und dem ersten Buchstaben des Dorfes in dem er aufwuchs, *Agunnaryd*. Diesen Namen verwendete Kamprad das erste Mal als Siebzehnjähriger – damals begann er einen Versandhandel mit Waren aller Art. Sein Lager hatte er damals noch auf dem elterlichen Bauernhof. Erst fünf Jahre später, 1948, nahm er Möbel in das Sortiment auf. 1953 eröffnete er in Älmhult in Schweden die erste dauerhafte Möbelausstellung und fünf Jahre später das erste Möbelhaus. Heute gilt Älmhult als das Herz von Ikea. Weitere Filialen wurden eröffnet, mit enormem Andrang. Infolgedessen wurde kurzerhand das Lager für die Kunden geöffnet wurde – das Selbstbedienungsprinzip war erfunden. Was damals eine Notlösung war, ist das, was heute Ikea ausmacht: der Lagerverkauf. Zwischen 1963 und 1970 verdoppelte sich der Marktwert, daraufhin stagnierte er allerdings. In Folge dessen startete der schwedische Möbelkonzern immer mehr Aktionen im Ausland. 1974 eröffnete die erste Filiale in Deutschland. Auch hier konnte er einen

---

[2] http://www.ikea.com/ms/de_DE/this-is-ikea/about-the-ikea-group/index.html
[3] Vgl. http://www.ikea.com/ms/de_DE/this-is-ikea/about-the-ikea-group/index.html
[4] Vgl. http://www.handelsblatt.com/unternehmen/handel-dienstleister/ikea-deutschlandchef-25-prozent-marktanteil-sind-realistisch/9275656.html
[5] Vgl. http://www.ikea.com/ms/de_DE/this-is-ikea/about-the-ikea-group/index.html

gewaltigen Erfolg verbuchen – heute gibt es alleine in Deutschland 46 Ikea-Filialen. Im abgelaufenen Geschäftsjahr 2013 besuchten 690.000.000 Menschen eine der 305 Ikea-Märkte weltweit.[6] Folglich hat sich Ikea erst nach und nach zu dem entwickelt hat, was er heute ist – zu einem international bekannten Möbelhausriesen, zum weltweiten Marktführer im Möbelhandel.

2.1.2 Allgemeine Informationen

Die Ikea-Organisation wird von der Muttergesellschaft namens „Ingka Holding B.V." geleitet. Diese Holding ist Eigentum einer Stiftung mit dem Namen „Stichting Ingka Foundation". Der Leiter dieser Stiftung ist der Ikea Gründer Ingvar Kamprad, der als fünftreichster Mann der Welt gilt.[7] Tochterunternehmen sind unter anderem Ikea Food Service, die Ikea Centre Group und die eigenständige Firma Inter Ikea Systems B. V., welche das Ikea-Konzept und die Markenrechte inbegriffen hat. Sie ist gleichzeitig Franchisegeberin für alle Ikea-Einrichtungshäuser.

Die Produktentwicklung Ios (Ikea of Sweden) und die Katalogproduktion Icom, die das größte Fotostudio Europas betreibt, sind ansässig in Almhult, Schweden. Zudem befindet sich im schwedischen Malmö die BoKlok AB, die die Lizenzrechte für Fertighäuser von Ikea vergibt. Außerdem gehört auch die Swedwood Produktionsgruppe, die die Möbel in 36 Fabriken in neun Ländern, hauptsächlich in Osteuropa, herstellt, zum Unternehmen. Die schwedische Ikea-Zentrale liegt nahe Helsingborg.

Mittlerweile ist der Verkaufsriese in 26 Ländern vertreten und erreicht daher Weltniveau.[8] Ikea ist somit die erfolgreichste Möbelmarke der Welt. Ungefähr 80 % des Umsatzes werden in Europa gemacht. Deutschland bringt mit 48 Standorten und 13 % Marktanteil den größten Absatzmarkt, gefolgt von den USA, Frankreich und Großbritannien. Momentan beschäftigt das Unternehmen rund 140.000 Mitarbeiter, davon 15.503 in Deutschland[9] und ist damit ein bedeutender Arbeitgeber. Trotzdem versucht das Unternehmen, dass der „Ikea-Geist", also das Familiäre, nicht verloren geht.

2.1.3 Philosophie

„Einen besseren Alltag für die vielen Menschen schaffen"[10] – das ist die Ikea-Vision. Die Möbel sollen preisgünstig und gleichzeitig vorteilhaft sein, eben erschwinglich für jeden und trotzdem eine gute Qualität bieten. Grundlage der Firmenphilosophie bilden noch heute die

---

[6] Vgl. http://www.manager-magazin.de/unternehmen/handel/ikea-steigert-umsatz-und-gewinn-a-945911.html
[7] Vgl. http://www.finanzen.net/top_ranking/top_ranking_detail.asp?inRanking=83&inPos=16
[8] Vgl. http://www.ikea.com/ms/de_DE/about_ikea/facts_and_figures/
[9] Vgl. http://www.ikea.com/ms/de_DE/this-is-ikea/about-the-ikea-group/index.html
[10] http://www.ikea.com/ms/de_CH/this-is-ikea/about-the-ikea-group/

neun Thesen, die Ingvar Kamprad 1967 mit dem Titel „Das Testament eines Möbelhändlers"[11] verfasste. Diese behandeln unter anderem das Sortiment, den „Ikea-Geist" und die Zukunft des Einrichtungshauses. Weil der Möbelkonzern seiner Philosophie treu bleibt und so vielen Menschen ein Wohnen in schöner Umgebung ermöglicht, ist er auch hierzulande so beliebt.

2.2 Marketinganalyse

2.2.1 Marketingstrategie

Durch ein innovatives Marketingkonzept und intensives Branding[12] ist es dem schwedischen Möbelhaus gelungen ein ganz besonderes Image aufzubauen. Alle 305 Ikea Verkaufseinheiten sind weitgehend selbstständig.[13] Durch diese Dezentralisierung kann der regionale Markt bestmöglich erschlossen und der Wettbewerb besser analysiert werden. Auch auf mögliche Maßnahmen der Mitbewerber kann so deutlich schneller reagiert werden. Ikea führt seine Marketingstrategie konsequent durch und erschließt eine von der Konkurrenz bisher noch nicht ausreichend berücksichtigte Zielgruppe, auf die im Folgenden eingegangen wird.

2.2.2 Zielgruppe

Ikea hat eine Marktlücke entdeckt, eine zuvor noch nicht genügend beachtete Zielgruppe zu seinen Hauptkunden gemacht. Diese Zielgruppe schließt vor allem junge Familien ein, aber auch „Familien mit älteren Kindern, Studenten, Junggebliebene über 45 Jahre"[14]. Besagte sind Konsumenten „mit hohem Individualitätsanspruch, großem Investitionsbedarf, aber begrenzten finanziellen Mitteln"[15]. Dieser Abnehmerkreis hat, wie jeder andere auch, seine individuellen Ansprüche und Wünsche. Jenen versucht Ikea durch Selektion der Zielgruppen gerecht zu werden und den Preis-, Produkt- und Serviceerwartungen dieses Klientels zu entsprechen. Dienstleistungen, die dieser Käuferschicht unnötig erscheinen, werden von Ikea vernachlässigt. Preislich zeichnet sich das Sortiment dank steigendem Haushaltsnettoeinkommen heute keineswegs mehr durch ein reines Niedrigpreissortiment aus, bewegt sich jedoch weiterhin an der unteren Kostengrenze.

2.2.3 Marktgröße und Marktstruktur

Egal ob in Bangkok oder bei uns in Regensburg: Der Aufbau einer Ikea Filiale ist überall gleich. Sie verfügt über zwei Stockwerke, wobei das obere eine Möbelausstellung bietet, in

---

[11] Vgl. Anhang Nr. 9
[12] „Branding bezeichnet die Entwicklung einer Marke zu einem starken Aushängeschild des Unternehmens." in: http://www.gruenderszene.de/lexikon/begriffe/branding
[13] Vgl. http://www.ikea.com/ms/de_DE/this-is-ikea/about-the-ikea-group/index.html
[14] http://heftarchiv.internetworld.de/2010/Ausgabe-05-2010/Nils-holt-die-Ikea-Family-ins-Web
[15] Mellert, Ilka: Vom Elch zum Werkzeug. Die Strategie IKEA., S.9.

6

der man stets von der Wohnzimmer- über die Küchenabteilung bis hin zum Restaurant geführt wird. Auf diese Weise können die von Ikea angebotenen Möbel in liebevoll gestalteten Räumen betrachtet und die Zusammenstellung verschiedener Möbelkomponenten ausprobiert werden. Das untere Stockwerk verfügt über einen großflächigen Verkaufsbereich, der verschiedenste Kleinigkeiten bietet, auch wieder in einer festen Reihenfolge arrangiert. In dieser Etage befindet sich ebenfalls das berühmte Selbstbedienungslager mit Hochregalen zur direkten Mitnahme oben ausgesuchter Möbel. Der Kassenbereich bietet neben den mitarbeiterbedienten Kassen auch SB-Kassen an. Durch diesen immer gleichen Aufbau findet sich der Kunde sofort zurecht – egal in welchem Ikea Geschäft der Welt er sich befindet.

Auch die Verkaufsfläche von Ikea bietet einige Raffinessen. So ist die überall gleiche Struktur keinesfalls zufällig. Im Gegenteil – es ist ein ausgeklügeltes System, um den Kaufwunsch des Kunden zu wecken. So verleiten Lockangebote[16] am Hauptweg zum tieferen Eintreten und durch eine geschickte Platzierung und Präsentation der Produkte wird der Kunde beeinflusst, mehr zu kaufen. Es gibt „Interieure", sorgfältig eingerichtete Wohnräume mit vielen verschiedenen Ikea-Produkten, die der Sortimentsmatrix folgen, und „Kompakte", welche „Zusammenstellungen von Artikeln einer bestimmten Warengruppe"[17] darstellen. Bestseller werden außerdem exponiert ausgestellt. Im gesamten ersten Obergeschoss gibt es nur zwei versteckt platzierte Abkürzungen, um es dem Kunden bewusst zu erschweren, nicht dem gesamten Laufweg folgen zu müssen.[18] Der Hauptweg ist außerdem lang und verzweigt, denn Psychologen haben herausgefunden, dass auf Umwegen mehr Eindrücke im Gedächtnis bleiben. Auch die irreführenden Wege haben ihren Zweck: Aus Angst, etwas zu verpassen oder nicht wieder zurückzufinden, greift man bei einem Artikel, den man oftmals nicht einmal wirklich braucht, vorsichtshalber gleich zu.

Ikea richtet ganze Wohnflächen ein – einmalig für ein Möbelhaus. Kleine Quadratmeteranzahlen werden perfekt ausgenutzt und durch ein extra Design-Team dekoriert.[19] Dadurch wird der Käufer inspiriert und kauft mehr, als ursprünglich geplant. 150 strategisch platzierte Drahtkörbe[20], versehen mit einem Preisschild, sorgen außerdem für sog. „Impulskäufe"[21]. In weiteren Behältnissen neben Interieuren finden sich Produkte, die auch in diesen Wohnbeispielen zu sehen sind. Aus psychologischer Sicht nimmt der Kunde, der sich

---

[16] Lockangebote: Bestseller, sog. „heiße Fläche"
[17] Jungbluth, Rüdiger: Die 11 Geheimnisse des Ikea-Erfolgs., S.215.
[18] Vgl. Anhang Nr. 8
[19] vgl. http://www.ikea.de
[20] Vgl. Der Ikea-Check. 2011. WDR.
[21] Spontankauf ; „Die Körbe sollen Produkte enthalten, die durch ihr Design, ihre Funktion oder ihren niedrigen Preis eine große Anziehungskraft ausüben." in: Stenebo, Johan: Die Wahrheit über Ikea. Ein Manager packt aus., S. 133.

beispielsweise ein Sofa nicht leisten kann, den daneben platzierten Teelichthalter mit nach Hause, „als Trost und vielleicht auch als Erinnerung daran, wie er sein Wohnzimmer gerne hätte.“[22]. Beim Eintreten in die Möbelausstellung trifft der Kunde zuallererst auf etwa 10 Körbe, gefüllt mit „Impulsware“[23]. Der Kunde ist am Haken, denn ist einmal das erste Produkt in der großen gelben Tasche, so kommen sicherlich noch mehr hinzu. „'Sachen, von denen ich nicht einmal wusste, dass ich sie brauche', wie es die Ikea-Kunden in der Regel ausdrücken – im Nachhinein.“[24]. Dieses Beispiel ist bezeichnend dafür, wie gut es Ikea versteht den Käufer unterbewusst zu beeinflussen. Die Zahlen sprechen für dieses Konzept: 40 % der Einnahmen macht Ikea alleine mit den Accessoires.[25]

In jeder Filiale gibt es ein Restaurant, einen Hot-Dog Stand sowie einen Schwedenshop, wo der Kunde landestypische Produkte kaufen kann. Ikea ist damit auch ein bedeutender Anbieter der Systemgastronomie. Neben Ketten wie McDonald's und Burger King zählt der schwedische Möbelriese mit einem Jahresumsatz von 197 Mio. zu den zehn größten Gastronomieketten in Deutschland.[26] Angeordnet im Bereich hinter den Kassen kann sich der Kunde hier zu ausgesprochen günstigen Preisen stärken und belohnen, bevor er dann in einem letzten Kraftakt seine erstandenen Waren ins Auto lädt. So soll verhindert werden, dass Kunden Ikea vorzeitig aufgrund zunehmenden Appetits verlassen, ohne etwas gekauft zu haben.

2.2.4 Absatzpolitisches Instrumentarium

Selbstbedienung ist das, was Ikea ausmacht. Und das spricht die Käufergruppe an. Zum einen führt dies zu einer Kostensenkung für Ikea, da keine zusätzlichen Personalkosten anfallen. Zum anderen wird so kein Möbelkäufer vom Personal belästigt und kann entspannt ohne jeglichen Kaufzwang seinen Einkauf tätigen, und das ist es, was der Zielgruppe gefällt. Dank dieser „Möglichkeit zur Mitwirkung ist [...] Ikea [möglicherweise] zu einer stärkeren Marke geworden als viele andere.“[27] Zu einem klassischen Marketingmix gehören die Produktpolitik, die Preispolitik, die Distributionspolitik und die Kommunikationspolitik. Diese können auch auf Ikea angewendet werden.

---

[22] Stenebo, Johan: Die Wahrheit über Ikea. Ein Manager packt aus., S. 133.
[23] „[Ware], die der Kunde nahezu reflexartig ergreift, weil sie so billig ist, dass er seine Geldbörse bereitwillig öffnet." In: Stenebo, Johan: Die Wahrheit über Ikea. Ein Manager packt aus., S.134.
[24] Ebd., S.135.
[25] Vgl. Der Ikea-Check. 2011. WDR.
[26] Vgl. http://www.welt.de/wirtschaft/article114201604/Das-sind-die-20-groessten-Restaurant-Ketten.html
[27] Jungbluth, Rüdiger: Die 11 Geheimnisse des Ikea-Erfolgs., S.203.

2.2.5.1 Produktpolitik

„Die Produktpolitik umfasst alle Entscheidungen, die im Zusammenhang mit den Eigenschaften des Produkts stehen"[28]. Derartig kann die erste der vier Säulen des Marketing-Mixes definiert werden. Im Folgenden ist nachzulesen, welche Entscheidungen Ikea diesbezüglich für sein Unternehmen getroffen hat.

2.2.5.1.1 Gestaltung der technischen Qualität

Ingvar Kamprads Anspruch an seine Artikel ist es, dem Kunden echte Freude an seinem Einkauf zu bereiten. Deshalb müssen die Funktion und die technische Qualität gut sein.[29] Dies ist es unter anderem auch, was der Firmengründer sogar in seinem Testament festhält. In dem Beitrag „Der Ikea-Check" von ARD wurde dieser Anspruch auf die Probe gestellt und beispielsweise Umzüge simuliert. [30] Das Ergebnis war, dass die Möbel die Erwartungen der Tester erfüllten, jedoch diese wohl kaum noch an die nächste Generation weitergegeben werden können, da sie dafür nicht langlebig genug sind.

Man konnte auch beobachten, dass sich Ikea nicht scheute, im Laufe der Jahre die Qualität gleicher Möbel zu verändern, um Kosten einzusparen. Jedoch immer nur soweit, dass der Artikel nicht zum reinen „Wegwerf-Artikel" mutiert.

Dies ist es auch, was der britische Markenexperte John Simmons beklagt: Niemand kaufe ein Möbelstück bei Ikea, um es an die nächste Generation weiterzugeben. „Mittlerweile setzt sich Ikea mit der Kritik an einer geringen Nutzungsdauer der Möbel offensiv auseinander. Auf der Homepage des Konzerns war für den Kunden nachzulesen ‚Und weil sich jeder jetzt öfter mal ein Designprodukt gönnen kann, musst du deine Möbel auch nicht mehr weitervererben. Deine Kinder können somit auch selbst darüber entscheiden, wie sie sich einrichten. Das ist doch auch ziemlich demokratisch, findest du nicht?'"[31]. Die Attraktivität des Unternehmens liegt daher für manche Kunden auch gerade in der Möglichkeit des häufigen Möbelwechsels. Ikea Möbel sind eher Verbrauchs- als Gebrauchsgüter, denn „‚[w]ir wollen nicht ewig mit Billy, Sten oder wie sie alle heißen leben', schrieb Jochen Siemens einmal über sein Leben mit Ikea im *Stern*, ‚aber sie auch nicht. ‘"[32]

Jedoch ist für den Ikea-Gründer auch wichtig, dass die Qualität dem Kundeninteresse angepasst wird und sich nicht zum „Selbstzweck" entwickelt. So soll zum Beispiel eine Arbeitsplatte eine strapazierfähigere Oberfläche als ein Bücherregal haben. Denn eine

---

[28] http://marketinginstrumente.net/
[29] Vgl. Anhang Nr. 9
[30] Vgl. http://www.daserste.de/information/ratgeber-service/markencheck/markencheck/sendungen-neu/ikea-check-102.html [30.08.2014]
[31] Jungbluth, Rüdiger: Die 11 Geheimnisse des Ikea Erfolgs., S.175.
[32] Ebd., S.176

strapazierfähige Oberfläche des Bücherregals schadet dem Kunden, da sie mehr kostet, obwohl sie nicht benötigt wird.[33]

2.2.5.1.2 Gestaltung des Produktäußeren

Bei einer Beurteilung der Arbeit internationaler Möbelgestalter durch einen der renommiertesten Designer der Gegenwart, Philippe Starck, erkennt man, dass Ikea durchaus als Stilschule bezeichnet werden kann. Denn anerkennende Worte fand er lediglich für einen englischen Kollegen, eingeschränkt mit der Aussage: „Aber wenn ich einen Tisch von Morrison will, muss ich tausend Euro hinblättern. Da gehe ich lieber zu Ikea." [34]

Bei Ikea findet sich ein klares Profil im Produktäußeren wieder: natürliches und helles, schlichtes und praktisches skandinavisches Design in unterschiedlichen Stilrichtungen.[35] Der skandinavische Einrichtungsstil hat internationale Popularität, er gilt als bodenständig und vernünftig und steht für ein selbstbewusstes, ungezwungenes Lebensgefühl. [36]

Die Grundlage niedriger Preise liegt im Produktdesign. Schon eine minimale Veränderung kann die Produktionskosten erheblich senken. Das Zusammenspiel dieser beiden Faktoren ist ausschlaggebend für den Erfolg der Firma.

2.2.5.1.3 Gestaltung des Sortiments

„Das Sortiment ist unsere Identität."[37] Dies ist eine der Feststellungen, die Ingvar Kamprad in seinem einzigartigen Managementkonzept für seine Mitarbeiter zusammenfasst. Die Geschäftsidee schreibt dafür skandinavisches Design vor. Das Sortiment besteht lediglich aus circa 10.000 Produkten.[38] Dieses durchaus überschaubare Angebot entstand zur Vermeidung einer komplizierten Logistik, welche die Kosten erhöhen würde. Jedes Jahr wird ein Drittel des Produktangebots erneuert. Für den Produktentwicklungsprozess, der sich über zwei Jahre hinzieht, wird sehr viel Kraft aufgewendet. Zu Beginn von beinahe jedem Ikea-Produkt steht die Marktforschung: Studien über Bedürfnisse, Lebensstile und soziale Entwicklungen werden geführt, um die Anforderungen der Menschen herauszufinden. Anhand der Sortimentsmatrix, welche wohl Ikeas größter Trumpf in der Sortimentsarbeit ist, wird jedes Stück der Produktpalette in eine von vier Stilgruppen (skandinavisch, modern, Landhaus und schwedisch-jung) eingeteilt, abhängig von Ausdruck und Design. Diese werden dann

---

[33] Vgl. Anhang Nr. 9
[34] Vgl. Jungbluth,Rüdiger: Die 11 Geheimnisse des Ikea-Erfolgs., S.184f.
[35] Vgl. Anhang Nr. 9
[36] Vgl. Jungbluth, Rüdiger: Die 11 Geheimnisse des Ikea-Erfolgs., S.174.
[37] Vgl. Anhang Nr. 9
[38] Vgl. Stenebo, Johan: Die Wahrheit über Ikea. Ein Manager packt aus., S.99.

nochmals in vier Preisniveaus (hoch, mittel, niedrig sowie BTI[39]) unterteilt. Dieses System hilft Ikea jegliche Konkurrenz im Keim zu ersticken und Marktlücken zuerst zu entdecken, indem die Matrix auf „Löcher" untersucht wird. Sobald beispielsweise ein Esstisch in der Stilgruppe „Landhaus" in der Preisklasse „niedrig" eine Lücke in der Kollektion darstellt, muss diese so schnell wie möglich aufgefüllt werden.

Ein weiterer Vorteil dieser Matrix besteht darin, dass es für den Kunden einfach ist, seine Einrichtung zusammenzustellen und zu mixen, da innerhalb der einzelnen Stilgruppen alles zueinander passt. In Kombination mit den niedrigen Preisen hilft das dem Käufer tatsächlich dabei, seine Möglichkeiten zu entdecken.[40]

In einer weiteren Dimension der Sortimentsmatrix tauchen Produkte mit einer ganz besonderen Rolle im Angebot auf. So gibt es in jedem Produktgebiet zum Beispiel die BTIs. Durch auffällige Preisschilder landen diese niedrigen Preise im Bewusstsein des Kunden – und vermitteln so die Botschaft: Bei Ikea sind die Waren preiswert.

Eine weitere Botschaft, die vermittelt werden soll, ist die der Umweltfreundlichkeit. Dies gelang ihnen indem sie das Patent auf Energiesparlampen auf legale Weise umgingen und so zum Selbstkostenpreis verkaufen konnten – mehr als 90 % günstiger als die Konkurrenz.[41] Solche Artikel werden von Ikea als „Umwerfende Artikel" bezeichnet.

Des Weiteren finden sich auch eine Handvoll sogenannter „Ikonen" in der Auswahl, welche schon 30 bis 45 Jahre auf dem Markt sind. Zu diesen gehört u.a. das BILLY-Bücherregal, das meistverkaufte Ikea-Möbel aller Zeiten, oder der POÄNG-Sessel.[42]

Das immerwährende Ziel von Ikea ist es, ein „breites Sortiment formschöner und funktionstüchtiger Einrichtungsartikel zu so niedrigen Preisen an[zu]bieten, dass möglichst viele Menschen sie sich leisten können."[43]

2.2.5.1.4 Gestaltung von Nebenleistungen

Wie bereits erwähnt hat Ikea das Selbstbedienungsprinzip in den Mittelpunkt seines Geschäftes gestellt, er versteht sich als „No-Service-Händler". An der beim Möbelkauf anfallenden Arbeit ist der Kunde zu 80 % beteiligt[44], er transportiert unter anderem die Ware nach Hause und setzt die Einzelteile zusammen. In der Verhaltensforschung als Ikea-Effekt

---

[39] Engl. Breathtaking item = atemberaubend günstiges Produkt
[40] Vgl. Werbeclaim „Entdecke die Möglichkeiten" von Ikea ab Ende der 1990er Jahre
[41] Vgl. Stenebo, Johan: Die Wahrheit über Ikea. Ein Manager packt aus., S.101.
[42] vgl. Jungbluth, Rüdiger: Die 11 Geheimnisse des IKEA-Erfolgs., S. 166.
[43] Anhang Nr. 9
[44] Vgl. Jungbluth, Rüdiger: Die 11 Geheimnisse des IKEA-Erfolgs., S. 197.

bekannt, bewirkt das selbstständige Aufbauen beim Kunden sogar eine größere Wertschätzung gegenüber seinem Möbelstück.[45]

Lange Zeit konnte man bei Ikea nur originalverpackte Waren gegen Vorlage des Kassenzettels (innerhalb von 90 Tagen) umtauschen. Seit 1. September 2014 wurde in Deutschland zusätzlich eine neue Rücknahmeregelung eingeführt, bei der Ikea auch gebrauchte Artikel ohne zeitliche Befristung gegen Kaufpreiserstattung zurücknimmt. Jedes Land entscheidet selbst, wie es mit dem Thema verfährt. Dieses bisher einmalige und äußerst attraktive Serviceangebot sorgt für Aufmerksamkeit und Überraschung, denn auf diese Weise kann man selbst ein mehrere Jahre altes Sofa ohne weiteres retournieren. Doch diese Neuerung ist keinesfalls unüberlegt. Ikea versucht hiermit auf den Effekt der Spontankäufe[21] aufzubauen, die sich bisher eher auf günstige Artikel beschränkt haben. Hingegen mit der Sicherheit, selbst eine teure Schrankwand problemlos zurückgeben zu können, sinkt die Hemmschwelle zum Kauf deutlich. Bevor man den Schrank zuhause jedoch wirklich wieder abbaut und Ikea zurückbringt, stellt sich die Frage, ob sich der Aufwand für die dafür wirklich lohnt. Zusätzlich haben sich auch die Kundenerwartungen geändert, bei Online-Geschäften ist eine Rücksendung selbstverständlich. Dieses Angebot wird von Ikea nun bei Weitem übertroffen.[46] Durch eine großzügige und an wenige Rücknahmebedingungen gebundene Regelung erhofft Jürgen Nowatzki, Deutschland-Leiter Customer Relations bei Ikea, außerdem „eine[...] Zeitersparnis von 20 Prozent für das Personal in den Callcentern und an den Rücknahmestellen im Möbelhaus."[47]

Weitere von Ikea angebotene Serviceleistungen sind der Einkaufsservice, der Transportservice, die Möbel- und Küchenmontagen und ein Finanzierungsservice. Selbst eine Einrichtungsberatung steht dem Kunden zur Verfügung. Eine genauere Ausführung dieser Leistungen würde den Rahmen dieser Arbeit jedoch sprengen.[48]

2.2.5.2 Preispolitik

„[Als] Preispolitik [...] [wird] die gezielte Gestaltung eines Preises für eine Ware oder eine Dienstleistung unter Berücksichtigung strategischer Überlegungen [bezeichnet]."[49] Betriebswirtschaftlich gesehen liegt das Erfolgsgeheimnis des Einrichtungshauses in seiner ständig weiterentwickelten Wertschöpfungskette. Anhand dieser erhöht das Unternehmen bei

---

[45] Vgl. http://neoacademic.com/2011/09/22/unfolding-the-ikea-effect-why-we-love-the-things-we-build/#.U2C3PWRsYWE
[46] Vgl. http://www.ksta.de/wirtschaft/lebenslange-garantie-warum-ikea-kuenftig-alles-zuruecknimmt,15187248,28261948.html
[47] http://www.spiegel.de/wirtschaft/unternehmen/ikea-fuehrt-lebenslanges-rueckgaberecht-ein-a-988648.html
[48] http://www.ikea.com/ms/de_DE/campaigns/services/service_und_leistungen.html
[49] http://definition-online.de/preispolitik/

jeder Aktivität von der Grundidee bis zum fertigen Produkt den Wert der Ware, bis sie ihren Verkaufspreis im Laden erreicht. Bei all diesen „Gliedern" (Produktentwicklung, Rohstoffbeschaffung, Produktion, Logistik und Verkauf) versucht Ikea billiger und besser als die Konkurrenz zu sein.[50]

2.2.5.2.1 Preisfestlegung

Ikea betreibt im Gegensatz zu Konkurrenten wie die XXXL-Einrichtungshäuser eine aktive Preispolitik, da die Preisfestsetzung durch den Unternehmer geschieht.[51] Dabei strebt der Betrieb nach Gewinnmaximierung, jedoch immer mit dem Vorsatz, jederzeit einen wesentlich niedrigeren Preis als seine Mitbewerber anzubieten. Erwartet werden zehn Prozent unter dem Marktpreis[52], was bei wachsender Konkurrenz immer schwieriger wird. Das Ziel ist es, Qualitätsmöbel zu Preisen zu verkaufen, die sich die Allgemeinheit leisten kann, somit dürfen die Niedrigpreise nicht auf Kosten der Funktions- oder Gebrauchsfähigkeit gehen.

Ikea vertritt moderate Preise und alles scheint billig, Kunden haben nach ihrem Einkauf das Gefühl, dass sich ihr Einkauf gelohnt hat und sie gespart haben. Diese günstigen Preise lassen es für den Kunden zu, Möbel regelmäßig auszuwechseln und neu zu kombinieren. Da die Möbel innerhalb einer Stilgruppe zusammenpassen, führt dies auch zu Markentreue. Dahinter steckt aber durchaus System. Um dieses niedrige Preisniveau zu halten, müssen Grundstoffe besonders günstig eingekauft und Produktionskosten gesenkt werden. Durch eine optimale Verpackungsarchitektur benötigen Ikea-Möbel bloß ein Sechstel des sonst üblichen Transportraumes. Die Beteiligung des Kunden an der Montageleistung sowie eine ständige strenge Qualitätskontrolle nach den Ikeanormen führen ebenfalls zu diesen Tiefpreisen.

2.2.5.2.2 Preisdifferenzierung

Die Preisgestaltung von Ikea variiert nach Herkunftsland der Zielgruppe. Möglicherweise zahlt der Kunde in Österreich für den gleichen Artikel so einen anderen Preis als in Deutschland. Das liegt an den unterschiedlichen Umsatzzahlen eines Möbelstücks in den verschiedenen Ländern. Überdies liegt diese Preisdifferenz auch in der Selbstbestimmung des Preises durch die einzelnen Ländervertretungen begründet.

---

[50] Vgl. Stenebo, Johan: Die Wahrheit über Ikea. Ein Manager packt aus., S. 68.
[51] http://www.economics.phil.uni-erlangen.de/lehre/bwl-archiv/lehrbuch/gst_kap1/preispol/preispol.htm
[52] Vgl. Stenebo, Johan: Die Wahrheit über Ikea. Ein Manager packt aus., S.103.

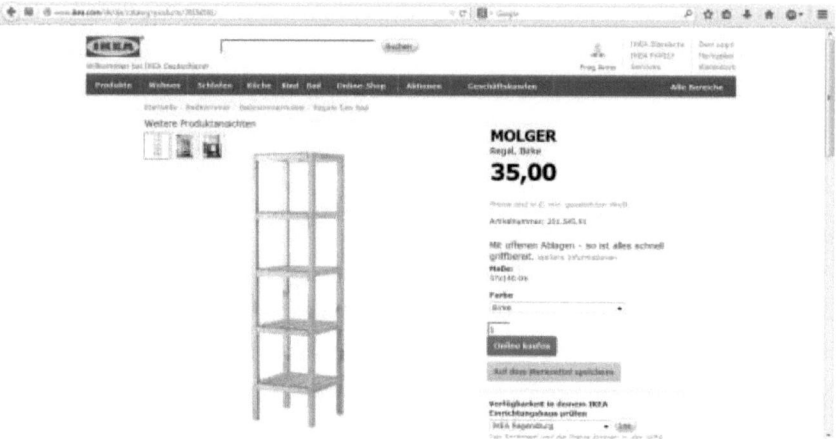

[53] Ikea-Shop – de

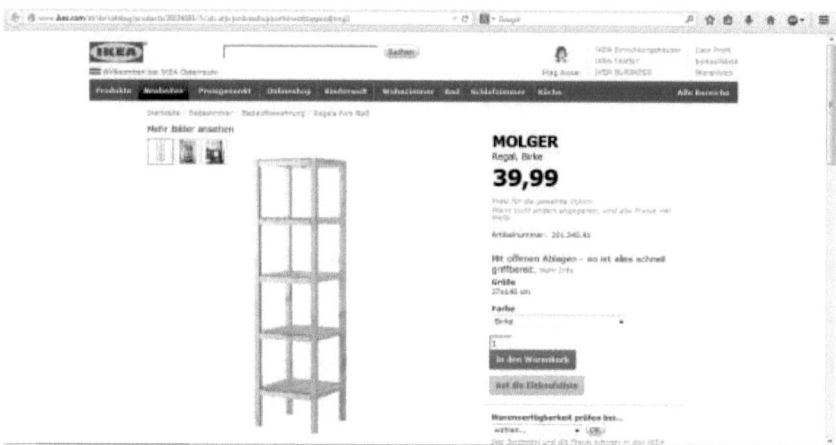

[54] Ikea-Shop – at

---

[53] http://www.ikea.com/de/de/catalog/products/20154591/
[54] http://www.ikea.com/at/de/catalog/products/20154591/?icid=at|ic|onlineshop|sortiment|topprod|img3

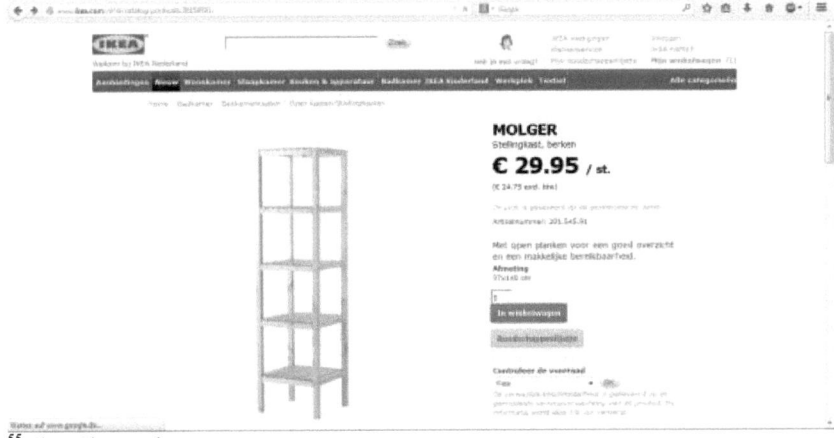

Bei Ikea gibt es des Weiteren zeitweise Preisvergünstigungen, z.b. in sog. Aktionswochen wie dem „Knutfest". Durch die Ikea Family Card ist z.b. eine Ratenzahlung möglich. Diese Privilegien der Clubmitglieder haben eine engere emotionale Bindung der Abnehmer an das Unternehmen zur Folge, was gleichzeitig eine kommunikationspolitische Strategie darstellt.

2.2.5.2.3 Preisverlauf

Im Allgemeinen verfolgt Ikea die Promotionspreisstrategie, welche eine dauerhafte Niedrigpreisstrategie darstellt. Die Preise liegen unter denen der Konkurrenz, so kann das Unternehmen seinen Marktanteil und damit den Absatz vergrößern.[56]

Mit Hilfe der sogenannten Preis-Mengen-Spirale schafft es Ikea, seine Lieferantengruppe auf 1.400[57] zu verkleinern und anhand reduzierter Einkaufspreise seine Verkaufspreise zu senken. „Beginne mit einem guten Volumen bei einem Lieferanten und drücke die angebotenen Preise für das Versprechen, ihm ein paar Jahre treu zu bleiben."[58] Mit Erhöhen der Bestellmenge werden im nächsten Jahr weitere Preissenkungen gefordert.

Vergleicht man die Preise eines Artikels in verschiedenen Ikea-Katalogen, fällt auf, dass sich dieser im Laufe der Jahre verändert. Der Preis stieg zuerst an, doch ab 1993 fiel er drastisch ab. Kostete das Billy Regal Anfang der 1990er Jahre noch um die 100€, steht es im Jahre 2014 für gerade einmal 38€ zum Verkauf.[59] Doch diese Preissenkungen passierten nicht ohne

---

[55] http://www.ikea.com/nl/nl/catalog/products/20154591/
[56] Vgl. http://wirtschaftpedia.wikia.com/wiki/Promotionspreisstrategie
[57] Vgl. Stenebo, Johan: Die Wahrheit über Ikea., S.91.
[58] Ebd., S. 79.
[59] Vgl. Anhang Nr. 4

Abstriche an der Qualität hinnehmen zu müssen. Dennoch kennt Ikea genau die einzuhaltenden Grenzen, damit es nicht allzu schnell zu Schäden kommt.

2.2.5.3 Distributionspolitik

„Die Distributionspolitik beinhaltet sämtliche Entscheidungen, die mit dem Weg eines Produktes vom Hersteller zum Verbraucher im Zusammenhang stehen."[60] Bei Ikea ist alles verlinkt, koordiniert und effektiv wie in kaum einem anderen Unternehmen. Dies ist ein entscheidender Punkt, warum es kaum einem Unternehmen gelingt, einen ähnlichen internationalen Erfolg aufzubauen.

2.2.5.3.1 Absatzmethoden

Zur akquisitorischen Distribution gehört die Festlegung des Vertriebssystems. Das Großunternehmen tritt dabei in zwei Weisen an den Kunden heran. Entweder begibt sich der Nachfrager zum Anbieter, wofür ihm alleine in Deutschland 48 Filialen zur Verfügung stehen, oder er nutzt den Versandhandel über das Internet.[61]
Hinsichtlich der Absatzform beschränkt sich Ikea auf betriebseigene Organe. Das schwedische Einrichtungshaus verkauft seine Produkte unmittelbar, also auf direktem Absatzwege, an die Verbraucher. Dies geschieht neben den Filialen auch über eine Versandabteilung und über ein Franchise-System. Das Unternehmen Inter Ikea Systems B.V. vergibt Franchise-Verträge an alle Ikea Möbelhäuser und auch an den Konzern selbst. Ikea ist seit 1960 Franchisegeber mit mittlerweile 361 Franchisebetrieben, wovon 316 selbst Ikea Gesellschaften sind.[62]

2.2.5.3.2 Marketing-Logistik

„Einige der wichtigsten Konkurrenzvorteile des Unternehmens [entstehen] innerhalb der Logistik"[63]. Die Logistikkosten machen ungefähr ein Drittel der Endkosten eines Produktes aus. Jedoch nutzen nur wenige Einzelhändler den globalen Einkauf so effektiv wie Ikea und bewegen solche Mengen an Kubikmeter von einem Erdteil zum anderen mit einer solchen Präzision und zu so geringen Kosten.[64] Die Ikea-Produkte werden im ersten aller Ikea-Märkte in Älmhult entworfen und entwickelt. Auch unterhält Ikea kaum eigene Produktionsstätten,

---

[60] Vgl. Fricke, Franz/Rube, Klaus-Hartwig: Betriebswirtschaftslehre., S.148.
[61] http://www.ikea.com/ms/de_DE/this-is-ikea/about-the-ikea-group/index.html / vgl. Anhang Nr. 5
[62] Vgl. http://www.franchisedirekt.com/top500/ikea/92/339/ [12.09.2014]
[63] Stenebo, Johan: Die Wahrheit über Ikea., S. 116.
[64] Vgl. ebd., S. 127.

sondern kauft seine Waren bei Zulieferern ein. 2013 waren die Hauptlieferanten China und Polen, da die Konditionen dort sehr günstig sind.[65]

Mit Erscheinen des Jahreskatalogs im August verspricht Ikea, alle Neuheiten auf Lager zu haben. Doch allzu häufig sind gerade die Bestseller und Katalogneuheiten ausverkauft. Die Falscheinschätzung des Verkaufspotenzials eines Produkts führt zu ständigen und ernsten Engpässen. Ikea verzichtet auf jederzeitige Lieferbereitschaft mit hohen Lagerbeständen, da dies zu hohen Kosten führen würde.

Die Verteilung der fertigen Ikea-Möbel hin zu den über 28 Distributionszentren und schließlich zu den einzelnen Einrichtungshäusern erfolgt größtenteils über den Schienenverkehr.[66]

2.2.5.4 Kommunikationspolitik

Durch die Kommunikationspolitik kann die Handlungsweise von potentiellen und vorhandenen Kunden beeinflusst werden. Der Kunde wird dabei durch verschiedene Medien angesprochen und geworben. Er erhält Informationen über Preise und Neuheiten und das „Ikea-Gefühl" wird vermittelt.

Ikea verwendet dazu einige bewusst gestaltete, auf den Absatzmarkt gerichtete Informationen, welche nachfolgend dargelegt sind.

2.2.5.4.1 Schwedisches Image

Trendsetter der Wohnkultur – das ist das Image von Ikea. Das Möbelhaus hat den Einrichtungsstil entscheidend beeinflusst. An seinem schwedischen Grundgedanken, welcher sich durch das gesamte Konzept zieht, finden nicht nur die Deutschen gefallen. Mit Schweden verbinden man gute, solide Möbel im skandinavischen Stil. Angefangen bei den Nationalfarben Blau und Gelb, welche sich beispielsweise auf den atypisch großen Einkaufstüten wiederfinden oder die komplette Fassade jedes Ikea-Marktes zieren. Des Weiteren wird sich geduzt – nicht nur unter den Mitarbeitern, auch die Kunden werden geduzt. Sowohl im Geschäft als auch im Katalog wird man mit „Du" angesprochen. Dies verschafft Nähe zum Kunden, es wird ein familiäres Gefühl vermittelt. Der ganze Ikea-Store versprüht zudem skandinavisches Ambiente, nicht zuletzt durch die Produktnamen. Das *Billy* Bücherregal oder das *Klippan* Sofa kennt wohl jeder. Dabei sind beide Bezeichnungen eigentlich Ortsnamen in Schweden. Selbst die Namensvergabe folgt einem System: Stoffe und Gardinen werden beispielsweise mit Frauennamen bezeichnet und Gartenmöbel tragen

---

[65] Vgl. Anhang Nr. 2
[66] Vgl. http://www.ausbildung.ikea.de/ueber_ikea.php

den Namen schwedischer Inseln. Zusammen mit der Artikelnummer verleiht dies dem Produkt seine Identität, einheitlich in allen Ländern. Diese ungewöhnlichen Bezeichnungen sind ein effektives Instrument der Ikea-Verkaufspsychologie: Sie ziehen Kunden in ihren Bann und bilden fast schon ein Einkaufserlebnis für sich. Auch die Werbekampagnen haben stets einen schwedischen Touch – so beginnt der Schlussverkauf bei Ikea an einem schwedischen Feiertag, eingeläutet mit dem „KNUT-Schlussverkauf"-Werbespot[67], oder der Sommerschlussverkauf pünktlich zum schwedischen „Midsommar". In Kombination mit einer ausgeklügelten Marketingstrategie zeigt dieses Konzept durchaus Erfolg, wie nicht nur die Umsatzzahlen zeigen: Die Gesamteinnahmen steigen kontinuierlich an, und selbst zu Zeiten der Wirtschaftskrise schafft es Ikea als eines der einzigen Unternehmen, seinen Umsatz weiterhin zu vermehren.[68]

2.2.5.4.2 Werbung

Die Werbung ist wohl das für Ikea wichtigste Instrument der Kommunikationspolitik, mit jener der Betrieb die Nachfrage auf seine Ware ausweiten kann. Um aktuelle und potentielle Kunden anzusprechen, nutzt Ikea unter anderem Werbespots im Fernsehen. Kampagnen werden zu schwedischen Feiertagen wie dem „Midsommar" geschalten, welche auch immer mit Niedrigpreisen verbunden sind. Zusammen mit Plakaten und Slogans wie „Wohnst du noch oder lebst du schon?" wird das „Ikea-Gefühl" vermittelt.

Ferner produziert Ikea jedes Jahr eine neue Auflage seines Katalogs, welcher „das wichtigste Marketinginstrument des Konzerns"[69] darstellt und erstmals 1951 erschien.[70] 212 Millionen Druckexemplare in 29 Sprachen wurden alleine im Jahr 2014 herausgegeben[71], womit der Ikea Katalog nach der Bibel und Harry Potter die weltweit drittgrößte Veröffentlichung darstellt.[72] Dies schafft Vertrauen beim Kunden und lässt die „Einrichtungsbibel" zum Kultobjekt werden. Das Leitmotiv „Rückzug in die eigenen vier Wände" verheißt ein neues, entspannteres und ordentlicheres Leben und führt den Kunden eine Traumwelt vor. Die aufwändig inszenierten Fotos, produziert in einem riesigen Fotostudio in Älmhult, zeigen scheinbar bewohnte Räume voller Details. Auch Menschen sind abgebildet, keinem besonderen Schönheitsideal entsprechend. Das alles wirkt ehrlich auf den Betrachter.[73] Der

---

[67] Vgl. IKEA Werbung: TV-Spot „KNUT Schlussverkauf" 2012/2013, http://www.youtube.com/watch?v=2gMEt4yZTWk
[68] Vgl. Anhang Nr. 7
[69] Jungbluth, Rüdiger: Die 11 Geheimnisse des Ikea-Erfolgs., S.204.
[70] Vgl. http://www.stern.de/lifestyle/katalog-cover-aus-sechs-jahrzehnten-design-zeitreise-mit-ikea-2134921.html
[71] Vgl. http://www.ikea.com/ms/de_DE/this-is-ikea/about-the-ikea-group/index.html
[72] Vgl. Jungbluth, Rüdiger: Die 11 Geheimnisse des Ikea-Erfolgs., S.204.
[73] Vgl. Anhang Nr. 6

Katalog wird sogar als Maßstab des gesellschaftlichen Lebens in Deutschland angesehen.[74] Der Ikea-Katalog erscheint jedes Jahr strategischer Weise im Herbst, wenn sich das Leben der Menschen wieder stärker auf das Eigenheim konzentriert und wird von Sätzen wie „Es ist nicht nur dein Bett. Es ist dein Ort zum Wohlfühlen."[75] untermalt. Durch diverse Marketing-Aktionen versucht das Möbelhaus Aufmerksamkeit zu erregen. In Manhattan machte sich Ikea 2008 zu einer Neueröffnung einer Filiale das Guerilla Marketing[76] zu Nutze. Unter dem Motto „everyday fabulous" dekorierte der Möbelgigant Bushaltestellen, Gehsteige und Wiesen, stellte gefüllte Wassernäpfe für Hunde bereit und behängte Haltestangen in der U-Bahn mit Ofen-Handschuhen. Verhältnismäßig waren die Kosten gering, die Aktion brachte aber trotzdem einen durchschlagenden Erfolg. [77]

78   79

2.2.5.4.3 Öffentlichkeitsarbeit

Einer Umfrage der BRIGITTE Kommunikationsanalyse 2002 (KA) zufolge lag Ikea in Deutschland bei einer Bekanntheit von 90 % und somit höher als H&M und fast auf einer Ebene mit Aldi. In Sachen Sympathiewerte musste Ikea jedoch Abstriche hinnehmen. Diese befinden sich bei nur 30-40 %, wohingegen Aldi bei etwa 70 % liegt.[80] Lange Jahre existierte das Bild des guten Unternehmens, das keine Fehler macht und jederzeit Wert auf Umweltschutz und soziale Fragen legt. Doch besonders in letzter Zeit wird dieses grandiose Image immer wieder durch Negativschlagzeilen durchbrochen. Ikea ist auf seine Größe bezogen vielleicht das verschlossenste Unternehmen der Welt. Auch wenn das Unternehmen große Anstrengungen unternimmt, um sein positives Bild aufrechtzuerhalten. So gibt sich Ingvar Kamprad seit den 70er Jahren in der Öffentlichkeit als volksnah und versucht,

---

[74] Vgl. http://www.taz.de/1/archiv/?dig=2004/09/03/a0136
[75] Vgl. Anhang Nr. 3
[76] untypische Vermarktungsaktion, die mit geringem Mitteleinsatz eine große Wirkung verspricht
[77] Vgl. Ikea Guerilla Manhattan, http://www.youtube.com/watch?v=pXXFNtnZTX8
[78] Vgl. Ikea Guerilla Manhattan, http://www.youtube.com/watch?v=pXXFNtnZTX8
[79] Vgl. ebd.
[80] Vgl. Anhang Nr. 1

Sparsamkeit zu demonstrieren. Genauere Informationen über Kritik an Ikea bezüglich Kinderarbeit, Lieferantenstrategien und Umweltfragen würden jedoch das Ausmaß dieser Arbeit übersteigern. Dennoch liegt in dieser gekonnten Verschleierung der Haltungen und Wertvorstellungen Ikeas ein entscheidender Grund für diese fantastische Erfolgsgeschichte.

2.2.5.4.4 Verkaufsförderung

Um Kaufinteressenten endgültig von ihrem Vorhaben zu überzeugen, wendet Ikea ausgefeilte Verkaufstricks mit psychologischem Hintergrund an, bei denen kein Detail dem Zufall überlassen wird. An jedem Artikel hängt ein Schildchen, weiße an den Bestsellern, versehen mit Kaufargumenten und Preisen. Rot-gelbe finden sich an den atemberaubenden Produkten[81], deren einzige Aufgabe darin besteht, den Käufer durch ihre extremen Niedrigpreise unbewusst zu beeinflussen. Um sicherzugehen, dass ein Kunde nicht vergisst ein ihn ansprechendes Möbelstück später im Lager auch abzuholen und zu kaufen, befinden sich im ganzen Laden verteilt Boxen mit Bleistiften und Zetteln, auf denen sich der Kunde sogleich notieren kann, wie ein Möbelstück heißt und wo es sich im Lager befindet.

Die Aufgabe der Einrichtungshauschefs ist es, Besucher zu Kunden zu machen und diese dazu zu bringen, soviel wie möglich zu kaufen. Da es bei Ikea keine persönlichen Verkäufer gibt, greift das Unternehmen zu anderen, nicht weniger wirksamen Methoden. Die Mitarbeiter des „KomEin"[82] mit ihrem ausgeprägten Gespür für Gestaltung rücken die Produkte ins rechte Licht und verschaffen dem Besucher ein inspirierendes Einkaufserlebnis, das Entstehen eines Kaufwunsches zum Ziel.

Es gibt „heiße Flächen" im Laden, solche die von den meisten Kunden frequentiert werden. Ikea weiß, wo diese sich befinden und platziert dort konsequent seine Bestseller, damit diese in Kontakt mit möglichst vielen Menschen kommen.

Grob geschätzt steigert die Einhaltung der Grundsätze von heißer und kalter Fläche, Kompaktflächen, Interieuren und Körben den Verkaufserlös um mindestens 30 bis 40 Prozent.[83]

Auch aufgrund der Platzierung im Katalog und der übrigen Vermarktung eines Produkts werden gezielt Reize ausgesandt und die Aufmerksamkeit des Kunden gelenkt. Abhängig davon werden die Artikel unterschiedlich oft verkauft.

---

[81] Bezeichnung von Ikea für besonders auffällig günstige Produkte
[82] Innenausstatter und Kommunikationsleute
[83] Vgl. Stenebo, Johan: Die Wahrheit über Ikea. Ein Manager packt aus., S. 140.

3 Fazit

Der Erfolg gibt Kamprad Recht, die Ikea-Geschichte ist heute Legende. Mit dem Erkennen einer Marktlücke, Möbel für eine bisher zu wenig beachtete Zielgruppe zu vertreiben, und dem richten Zusammenspiel aus erschwinglichen Preisen, zufriedenstellender Qualität und einem allgemein beliebten Design hat es der Gründer tatsächlich geschafft, den weltweiten Marktführer im Möbelhandel aufzubauen. Wie bei den meisten anderen Konzernen auch gab es in der Vergangenheit des Möbelhauses einige Skandale, die Kamprad aber meist geschickt auszubessern und so von der Öffentlichkeit größtenteils fernzuhalten wusste. Als Tendenz aus den oben analysierten Punkten über die Marketingstrategien des schwedischen Möbelriesen fällt immer wieder auf, dass Ikea vergleichbaren Möbelhäusern durch sein bis ins Detail durchdachtes Konzept oft einen Schritt voraus ist. Seine ausgeklügelte Logistik, das Konzept der Sortimentsmatrix und die Wertschöpfungskette, die Preise, die immer unter dem Marktpreis liegen und auch die von Zeit zu Zeit entwickelten sogenannten „Umwerfenden Produkte", gegen deren billigen Preise die Konkurrenz chancenlos ist. Diese sind im Zusammenspiel wohl der ausschlaggebende Grund für den großen Erfolg des Einrichtungshauses, das Ingvar als Jugendlicher gestartet hat.

Auch wie sich Ikea weiterentwickelt, bleibt spannend. Wahrscheinlich wird Ikea weiterhin ein bekannter Name in der Möbelbranche sein. Auffallenderweise holen Mitbewerber jedoch immer weiter auf. Denn mit der Alterung des facettenreichen Genies Ingvar Kamprad ist „IKEAs Produktentwicklung [...] mit der Zeit in ihren Strukturen erstarrt", hat „zu viel Tradition entwickelt" und ist „mit den Jahren vielleicht auch sentimental geworden"[84]. Früher wurde Neues gewagt, auch wenn ein Risiko darstellte. Umso mehr steuern jetzt Ingvars Ängste das Unternehmen, welche auf das Altbewährte zurückgreifen wollen. Bislang kommt kein anderer, weder einer der in den Chefetagen platzierten Söhne, noch etwaige Konzernchefs oder Geschäftsführer an das umfassende Genie des Gründers heran.[85] Ferner könnten an die Öffentlichkeit gelangende Haltungen und Wertvorstellungen der Entscheidungsträger bezüglich Umweltschutz und sozialen Fragen das Image des Unternehmens gefährden. Mögen die Meinungen über die Möbelhandelskette und dessen Entscheidungen bezüglich ihrer Marketingstrategie auch auseinandergehen, muss sich schlussendlich doch jeder eingestehen, dass Ikea heute auf eine Erfolgsgeschichte zurückblicken kann.

---

[84] Vgl. Stenebo, Johan: Die Wahrheit über Ikea. Ein Manager packt aus., S. 99.
[85] Vgl. Ebd., S.102.

4 Anhang

Anhang 1: Marken im Vergleich in Bezug auf Kauf/Besitz, Sympathie und Bekanntheit

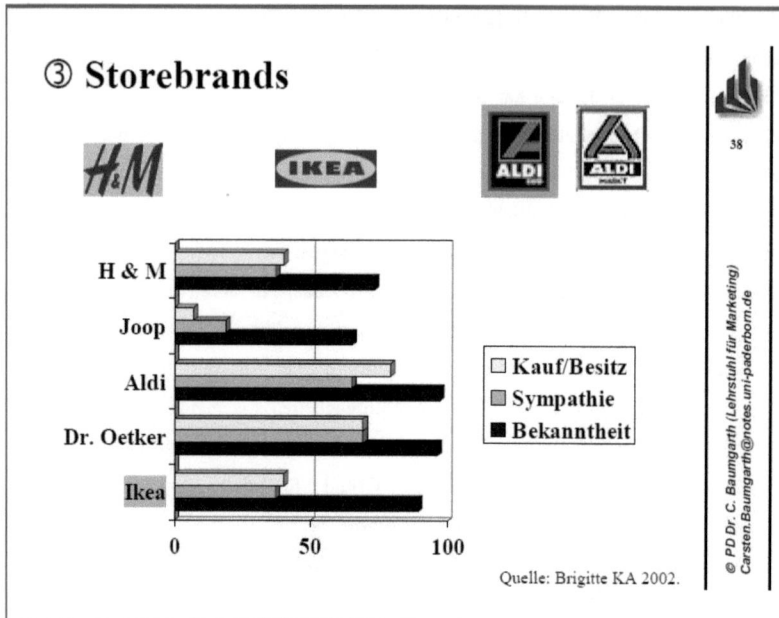

Vgl.
http://www.google.de/url?sa=t&rct=j&q=&esrc=s&source=web&cd=5&ved=0CDQQFjAE&url=http%3A%2F
%2Ffb5.upb.de%2Fwww%2Fbwl%2Fbwl01%2Fbwl01web.nsf%2F0%2F351bd992d321eae5c1256dcd0046eba
4%2F%24FILE%2FMarkenpolitik%2520Teil%25201.pdf&ei=jDdKVIWoN8TPygOYpILgCg&usg=AFQjCNE
szymh9_YLqmx_GUFbAfxhhYFFMQ&bvm=bv.77880786,d.bGQ

Anhang 2:

Wichtigste Produktionsstandorte von IKEA weltweit nach Anteilen an der Gesamtproduktion im Geschäftsjahr 2013

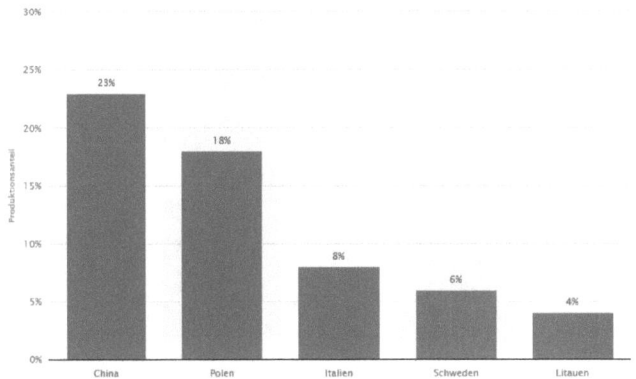

http://de.statista.com/statistik/daten/studie/250859/umfrage/wichtigste-produktionsstandorte-von-ikea/

Anhang 3: Ikea Katalog 2015, S.12f

http://onlinecatalogue.ikea.com/DE/de/IKEA_Catalogue?icid=de|itl|fy15cw35-
endfy15|serviceskataloge_und_apps|textlink|kw35|6

Anhang 4: Kostenentwicklung des Billy Bücherregals

Der Ikea-Check, http://www.daserste.de/information/ratgeber-service/markencheck/markencheck/sendungen-neu/ikea-check-102.html

Anhang 5: Verteilung der Ikea-Märkte in Deutschland

http://www.ikea.com/ms/de_DE/this-is-ikea/about-the-ikea-group/index.html

Anhang 6: Ikea Katalog 2015, S. 140f

Beleg dafür, wie gut Ikea es versteht, den Kunden Traumwelten vorzuführen.
(Mann kocht selig lächelnd, keine realistische Darstellung familiären Alltags);
Eingerichtet mit echten Lebensmitteln etc.

http://onlinecatalogue.ikea.com/DE/de/IKEA_Catalogue?icid=de|itl|fy15cw35-
endfy15|serviceskataloge_und_apps|textlink|kw35|6

Anhang 7: Gesamteinnahmen in Milliarden Euro 2009-2013

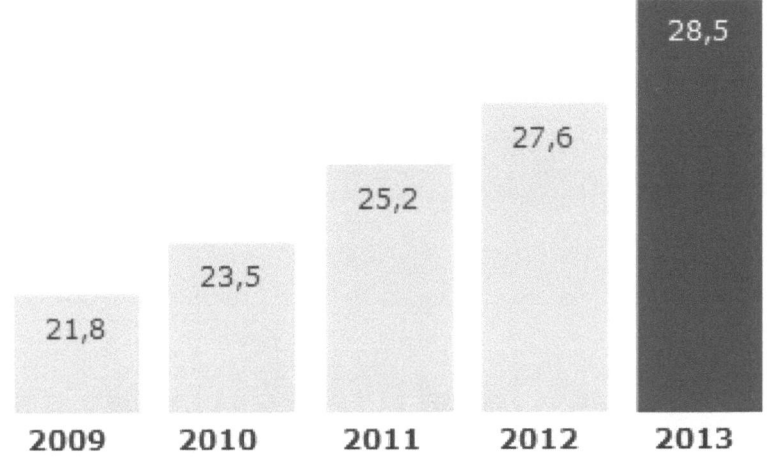

http://www.ikea.com/ms/de_DE/this-is-ikea/about-the-ikea-group/index.html

Anhang 8: Laufweg 1.OG im Ikea-Markt

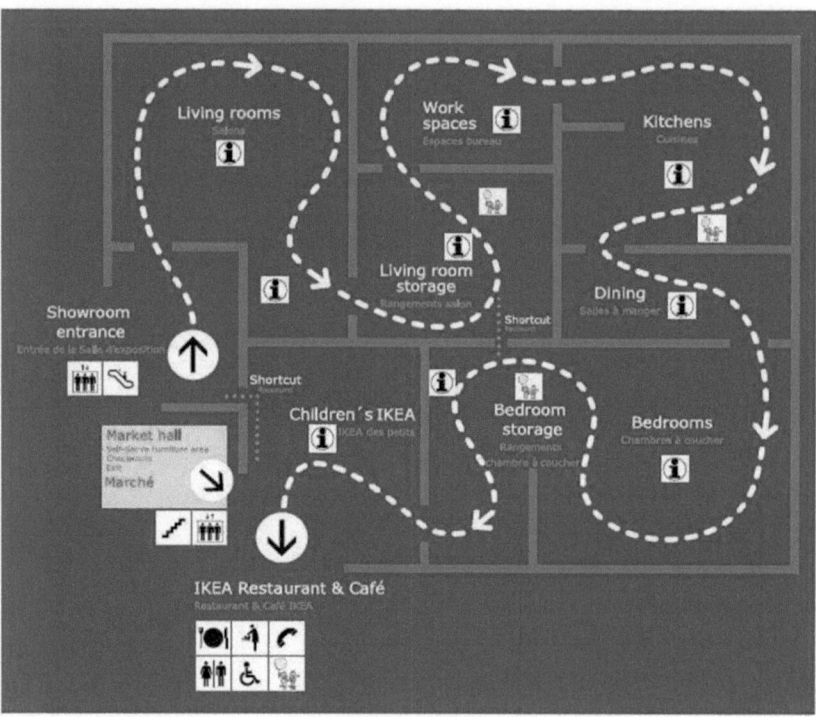

http://www.permanenthunger.com/wp-content/uploads/2012/11/IKEA-showroom-floor.jpg

5 Literaturverzeichnis

Printquellen

- Fricke, Franz/Rube, Klaus-Hartwig: Betriebswirtschaftslehre. München 1996.
- Jungbluth, Rüdiger: Die 11 Geheimnisse des IKEA-Erfolgs. Bergisch Gladbach 2008.
- Mellert, Ilka: Vom Elch zum Werkzeug. Die Strategie IKEA. O.A. 1997
- Stenebo, Johan: Die Wahrheit über IKEA: Ein Manager packt aus. Frankfurt am Main 2010.

Internetquellen

- Anwar, André: Mit Geniestreich zum Weltkonzern. In: Focus. Stand: 30.03.2006. http://www.focus.de/immobilien/wohnen/ikea/moebelhaus-ikea_aid_20726.html (29.05.2014)
- Frickel, Claudia: Ikeas Facebook-Werbefeldzug. Virales Marketing. In: Focus. Stand: 25.11.2009. http://www.focus.de/digital/internet/virales-marketing-ikeas-facebook-werbefeldzug_aid_457307.html (29.05.2014)
- Geißler, Holger: Beim Jungvolk top, bei Best Agern flop. BrandIndex. In: Wirtschafts Woche. Stand: O.A.. http://www.wiwo.de/unternehmen/handel/brandindex-ikea-ramazzotti-sony/9447572-2.html (12.10.2014)
- Inter Ikea Systems B.V.: Ikea Katalog. In: Ikea. Stand: O.A. http://onlinecatalogue.ikea.com/DE/de/IKEA_Catalogue?icid=de|itl|fy15cw35-endfy15|serviceskataloge_und_apps|textlink|kw35|6 (12.09.2014)
- Krautblatter, Michael: Preispolitik. In: Uni Erlangen. Stand: O.A. http://www.economics.phil.uni-erlangen.de/lehre/bwl-archiv/lehrbuch/gst_kap1/preispol/preispol.htm (12.09.2014)
- Landers, Richard N.: Unfolding the IKEA Effect: Why We Love the Things We Build. In: NeoAcademic. Stand: 22.09.2011 http://neoacademic.com/2011/09/22/unfolding-the-ikea-effect-why-we-love-the-things-we-build/#.U2C3PWRsYWE (12.10.2014)
- Lang, Susanne: Konsumiere und kuschel!. In: taz. Stand: 03.09.2004 http://www.taz.de/1/archiv/?dig=2004/09/03/a0136 (14.09.2014)
- Ludowig, Kirsten: „25 Prozent Marktanteil sind realistisch". In: Handelsblatt. Stand: 01.01.2014. http://www.handelsblatt.com/unternehmen/handel-dienstleister/ikea-deutschlandchef-25-prozent-marktanteil-sind-realistisch/9275656.html (29.05.2014)
- Naumann, Susann: Nils holt die Ikea-Family ins Web. Online-Marketing-Strategie von Ikea. In: Internet World Business. Stand: 05.2010. http://heftarchiv.internetworld.de/2010/Ausgabe-05-2010/Nils-holt-die-Ikea-Family-ins-Web (15.10.2014)
- Reiche, Lutz: 690 Millionen Menschen suchten Ikea auf. Einrichtungskette. In: manager magazine online. Stand: 28.01.2014. http://www.manager-

magazin.de/unternehmen/handel/ikea-steigert-umsatz-und-gewinn-a-945911.html
(19.10.2014)

- Rheih, Ulrich: Ikea: Riesige Preisunterschiede bei gleichen Artikeln in verschiedenen Ländern. In: Shortnews. Stand: 10.01.2008 http://www.shortnews.de/id/694189/ikea-riesige-preisunterschiede-bei-gleichen-artikeln-in-verschiedenen-laendern (01.09.2014)

- Rühle, Alex: Die verduzte Gesellschaft. Duzen oder Siezen?. In: Süddeutsche. Stand: 22.05.2010 http://www.sueddeutsche.de/leben/duzen-oder-siezen-die-verduzte-gesellschaft-1.881689 (01.09.2014)

- Sauer, Stefan: Warum Ikea künftig alles zurücknimmt. Lebenslange Garantie. In: Kölner Stadt-Anzeiger. Stand: 29.08.2014 http://www.ksta.de/wirtschaft/lebenslange-garantie-warum-ikea-kuenftig-alles-zuruecknimmt,15187248,28261948.html (29.09.2014)

- Schäfer, Tom: Marketing Mix. In: Marketinginstrumente. Stand: O.A. http://marketinginstrumente.net/ (24.10.2014)

- Springer, Axel: Das sind die 20 größten Restaurant-Ketten. In: Die Welt. Stand: 06.03.13. http://www.welt.de/wirtschaft/article114201604/Das-sind-die-20-groessten-Restaurant-Ketten.html (19.10.2014)

- O.A.: Das ist Ikea. In: Ikea. Stand: O.A. http://www.ikea.com/ms/de_CH/about_ikea/facts_and_figures/about_ikea_group/ (12.09.2014)

- O.A.: Design-Zeitreise mit Ikea. Katalog-Cover aus sechs Jahrzehnten. In: Stern. Stand: 02.09.2014 http://www.stern.de/lifestyle/katalog-cover-aus-sechs-jahrzehnten-design-zeitreise-mit-ikea-2134921.html (10.10.2014)

- O.A.: Die 20 reichsten Menschen der Welt. In: Finanzen. Stand: O.A. http://www.finanzen.net/top_ranking/top_ranking_detail.asp?inRanking=83&inPos=1 6 (12.09.2014)

- O.A.: Entspann dich einfach, wir erledigen den Rest. Service & Leistungen. In: Ikea. Stand: O.A. http://www.ikea.com/ms/de_DE/campaigns/services/service_und_leistungen.html (12.09.2014)

- O.A.: Ikea. In: Franchise Direkt. Stand: O.A. http://www.franchisedirekt.com/top500/ikea/92/339/ (14.09.2014)

- O.A.: Ikea franchisees. In: IKEA. Stand: O.A. http://franchisor.ikea.com/FranchisingtheIKEAway/Pages/IKEA-franchisees.aspx (12.09.2014)

- O.A.: Kampf um Kundschaft: Ikea führt lebenslanges Rückgaberecht ein. In: Spiegel Online Wirtschaft. Stand: 28.08.2014 http://www.spiegel.de/wirtschaft/unternehmen/ikea-fuehrt-lebenslanges-rueckgaberecht-ein-a-988648.html (29.09.2014)

- O.A.: Promotionspreisstrategie. In: Wirtschaftspedia. Stand: O.A. http://wirtschaftpedia.wikia.com/wiki/Promotionspreisstrategie (13.09.2014)

- O.A.: Wichtigste Produktionsstandorte von IKEA weltweit nach Anteilen an der Gesamtproduktion im Geschäftsjahr 2013. In: statista. Stand: 2013 http://de.statista.com/statistik/daten/studie/250859/umfrage/wichtigste-produktionsstandorte-von-ikea/ (15.08.2014)

- O.A.: Willkommen bei unserem Unternehmen. Über den Ikea Konzern. In: IKEA. Stand: O.A. http://www.ikea.com/ms/de_DE/this-is-ikea/about-the-ikea-group/index.html (19.10.2014)
- O.A.: Wohnst du noch oder lebst du schon? Das Einrichtungshaus IKEA. In: Discounter Verzeichnis. Stand: O.A. http://www.discounter-verzeichnis.com/ikea (15.08.2014)

Dokumentationen und Videos

- Der Ikea-Check. 01.08.2011. WDR. Köln (10.01.2014)
- Der Ikea-Check. 25.08.2014. Das Erste. München (25.08.2014)
- IKEA Werbung: TV-Spot „KNUT Schlussverkauf" 2012/2013. 2012 http://www.youtube.com/watch?v=2gMEt4yZTWk (25.08.2014)
- Ikea Guerilla Manhattan. 2008 http://www.youtube.com/watch?v=pXXFNtnZTX8 (10.09.2014)

Abbildungsverzeichnis

- http://www.ikea.com/at/de/catalog/products/20154591/?icid=at|ic|onlineshop|sortiment|t|topprod|img3
- http://www.ikea.com/de/de/catalog/products/20154591/
- http://www.ikea.com/nl/nl/catalog/products/20154591/

BEI GRIN MACHT SICH IHR WISSEN BEZAHLT

- Wir veröffentlichen Ihre Hausarbeit,
  Bachelor- und Masterarbeit

- Ihr eigenes eBook und Buch -
  weltweit in allen wichtigen Shops

- Verdienen Sie an jedem Verkauf

Jetzt bei www.GRIN.com hochladen und kostenlos publizieren